BEI GRIN MACHT SICH IHR WISSEN BEZAHLT

DevOps Prinzipien im IT-Service-Management. Hypothesen und Methoden

Patrick Schüpferling

Bibliografische Information der Deutschen Nationalbibliothek:

Die Deutsche Nationalbibliothek verzeichnet diese Publikation in der Deutschen Nationalbibliografie; detaillierte bibliografische Daten sind im Internet über http://dnb.d-nb.de abrufbar.

ISBN: 9783346861320
Dieses Buch ist auch als E-Book erhältlich.

Druck und Bindung: Books on Demand GmbH, Norderstedt Germany
Gedruckt auf säurefreiem Papier aus verantwortungsvollen Quellen

Das vorliegende Werk wurde sorgfältig erarbeitet. Dennoch übernehmen Autoren und Verlag für die Richtigkeit von Angaben, Hinweisen, Links und Ratschlägen sowie eventuelle Druckfehler keine Haftung.

Das Buch bei GRIN: https://www.grin.com/document/1351915

FOM Fachhochschule für Oekonomie & Management
Berufsbegleitender Studiengang zum Master of Science – IT Management

1. Semester

Hausarbeit

über das Thema

DevOps Prinzipien im IT-Service-Management

von

Patrick Schüpferling

Abgabebdatum   17.02.2023

Inhaltsverzeichnis

Abbildungsverzeichnis III

Abkürzungsverzeichnis IV

Abstract V

1 Einführung 1
   1.1 Problemstellung 1
   1.2 Zielsetzung 1

2 Theoretischer Teil 3
   2.1 IT-Service-Management 3
      2.1.1 ITIL 4
         2.1.1.1 Service Strategie 4
         2.1.1.2 Service Design 5
         2.1.1.3 Service Transition 5
         2.1.1.4 Service Operation 6
         2.1.1.5 Kontinuierliche Service Entwicklung 7
   2.2 DevOps 7
      2.2.1 Culture 8
      2.2.2 Automatisierung 9
      2.2.3 Lean 9
      2.2.4 Messung 10
      2.2.5 Sharing 10
   2.3 Agilität 10

3 Hypothesen 12

4 Methoden 13
   4.1 Warum / Ziel 13
   4.2 Wie / Prinzipien 14
      4.2.1 Culture 14
      4.2.2 Automate 14
      4.2.3 Lean 14
      4.2.4 Measurement 15
      4.2.5 Share 15
   4.3 Was 15
   4.4 Abschließende Bewertung 17

5 Schlussfolgerungen 19

6 Literatur 20

Abbildungsverzeichnis

Abbildung 1:   Golden Circle; in Anlehnung Golden Circle nach Sinek.................... 13

Abbildung 2:   ITIL Value Chain in Anlehnung Axelos 2019 16

Abbildung 3:   DevOps Loop in Anlehnung an Fröschle 16

Abbildung 4:   Kombination ITIL & DevOps in Anlehnung an Fröschle 17

Abkürzungsverzeichnis

DevOps	Development and Operations
IT	Information Technologie
ITIL	Information Technology Infrastructure Libary
ITSM	IT-Service-Management

Abstract

In der aktuellen Zeit einer stetig steigenden Digitalisierung stehen die IT-Abteilungen von Unternehmen, welche nach dem klassischen IT-Service-Management organisiert sind vor Herausforderungen. Eine enge Zusammenarbeit von Entwicklung- und Betrieb ist für die Wettbewerbsfähigkeit unerlässlich. Daher stellt sich die Frage, ob das klassische ITSM, wie z.B. nach ITIL sich um agile, neue Prinzipien aus DevOps ergänzen lässt.

Zuerst werden die Grundlagen zum IT-Service-Management und im speziellen zu ITSM mit ITL erläutert. Danach erfolgen die Grundlagen zu den DevOps Prinzipien, den sogenannten CALMS, welche für Culture, Automate, Lean, Measure und Sharing stehen. Des Weiteren wird noch der Begriff der Agilität erläutert.

Als Methode zur Beantwortung der Fragestellung, ob DevOps Prinzipien im ITSM genutzt werden können, wurde der für Führungskräfte entwickelte Vergleich des Golden Circles nach Simon Sinek angewendet. Passen die Prinzipien von DevOps in ein ITSM nach ITIL?

Schlussendlich lässt sich feststellen, das DevOps Prinzipien auf Grund ihrer Übereinstimmung mit ITIL sich in einem ITSM nach ITIL anwenden lassen. Wichtig ist dabei besonders die Kommunikation, die Zusammenarbeit und auch das Ausräumen der technischen Schulden im Unternehmen.

1 Einführung

IT und IT-Leistungen wie Hard- und Softwarelösungen sind in unserer heutigen Zeit in allen Bereichen, ob privat oder geschäftlich vorhanden. Für Unternehmen ist es im Punkt der Wirtschaftlichkeit eine Kernaufgabe die eigenen IT-Leistungen effizient und risikoarm bereitzustellen. [1] Durch die immer größer werdende Dynamik und der vorher beschriebenen Bedeutung von IT für Unternehmen gilt es bestehende Prozesse kritisch zu hinterfragen und Chancen und Risiken transparent zu machen. Daher ist für viele Unternehmen eine Transformation ihres bestehenden IT-Service-Managements notwendig um die Herausforderungen, die Innovationen und den stetigen Wandel so abzubilden, dass ein stabiler IT-Betrieb sowie eine kontinuierliche Entwicklung und damit eine reibungslose Bereitstellung von IT-Services für das Unternehmen gewährleistet wird.[2] Development und Operations (DevOps) bietet mit seinen schlanken und agilen Ansätzen hierfür eine Chance. Allerdings wird DevOps die Notwendigkeit einer anderen Kultur in den Bereichen eines Unternehmens unterstellt. [3]

1.1 Problemstellung

DevOps stellt die IT-Organisationen von Unternehmen in Zeiten zunehmender Digitalisierung vor Herausforderungen. Eine Kopplung und dadurch engere Zusammenarbeit von Entwicklungs- und Betriebsprozessen, lässt die Methoden der agilen Zusammenarbeit bzw. Entwicklung in den IT-Betrieb übertragen. [4] Daher sollen sowohl DevOps als auch ITIL als ein Beispiel für ein ITSM beleuchtet und mit einer geeigneten Methode gegenübergestellt werden. Lässt sich die Frage nach Gemeinsamkeiten beider Praktiken beantworten und welche Punkte gibt es bei der Einführung von DevOps zu beachten.

1.2 Zielsetzung

Ziel ist es, das Thema von DevOps im IT-Service-Management (ITSM) zu beleuchten. Sehr häufig werden beide Begriffe im täglichen Arbeitsalltag von Personen, die sich nicht mit der IT beschäftigen durcheinandergebracht. Daher findet eine Abgrenzung der Begriffe IT-Service-Management, ITL und DevOps statt.

---

[1] Vgl. Halstenberg, J.; Jestädt, T., Pfitzinger, B.;(2020), S. 1
[2] Vgl. Alt, R., Auth, G., Kögler, C.;(2017); S. 2
[3] Vgl. Söllner, D.; (2017); S. 1
[4] Vgl. Mitrakis, N.,(2019), S. 68

Des Weiteren werden wie bereits beschrieben die beiden Methoden verglichen und es sollen wichtige Analysepunkte für die Einführung von DevOps in ein bestehendes ITSM nach ITIL benannt werden.

2 Theoretischer Teil

Zur Schaffung eines grundlegenden Verständnisses für die Themenfelder, die in dieser Hausarbeit beschrieben werden, sollen im zweiten Abschnitt einige Begriffe und Definitionen im Rahmen des IT-Service-Managements, ITIL und DevOps erläutert.

2.1 IT-Service-Management

Durch die steigende technische Komplexität, Kostendruck und kürzeren Entwicklungszyklen der Entwicklung kam es in den 1980er Jahren zu großen Verzögerungen bei der Bereitstellung von qualitativen IT-Dienstleistungen.

Durch diesen Umstand sind verschiedene Lösungen und Best Practice Sammlungen zur professionellen Bereitstellung von IT-Services entstanden. [5] Heutzutage gibt es eine Norm, welche als Standard die Mindestanforderungen für das IT-Service-Management von Unternehmen beschreibt. Diese Norm ist die ISO/IEC 20000. [6] Sehr oft wird dieser Norm unterstellt, dass sie von ITIL abhängig ist, was nicht richtig ist. Die Norm ist nach ITIL ausgerichtet. Für diese Norm können Unternehmen ihr IT-Service-Management auditieren und auch zertifizieren lassen.

Eine der Aufgaben von IT-Service-Management ist es, die IT-Services für das Unternehmen oder die Kunden des Unternehmens zu definieren und in der benötigten Qualität und Stabilität bereitzustellen. Dadurch ergibt es sich, dass es eine zentrale Rolle spielt. [7] Dabei ist es wichtig, dass die IT-Service so definiert werden, dass diese dem Unternehmen oder dem Kunden einen konkreten Nutzen bringen. Diese Services werden in einem Servicekatalog zusammengeführt. Hieraus können die Abteilungen eines Unternehmens oder Kunden die benötigten Services identifizieren und bestellen. [8]

Das prominenteste Beispiel für ein ITSM Best-Practices-Konzept ist ITIL, welches im nachfolgenden Unterkapitel beschrieben wird.

---

[5] Vgl. Lohmann, U.; (2021), S. 125
[6] Vgl. Brewster, E.; Griffiths, R.; Lawes, A.; Sasbury, J.; (2016), S. 6
[7] Vgl. Allweyer, T.; (2020), S. 126
[8] Vgl. Allweyer, T.: (2020), S. 126

2.1.1 ITIL

ITIL bzw. die IT Infrastructure Libary beschreibt best-pracitise Ansätze, damit die Anforderungen an die IT-Organisation bzw. der bereitgestellten IT-Dienste innerhalb des Unternehmens bestmöglich bereitgestellt werden. [9] ITIL soll die Kundenorientierung des ITSM darstellen und so die Prozesse, Aufgabengebiete und Rollen innerhalb des ITSM zielorientiert und effektiv gestalten. [10] ITIL ist im Besitz von AXELOS und wird dort kontinuierlich weiterentwickelt. Die aktuelle Version von ITIL ist die Version 4. Auf Grund der Größe des Themengebietes ITL und der begrenzten Größe dieser Hausarbeit wird nur auf fünf Kernpunkte des ITIL Lifecycles (Version 3) eingegangen.

2.1.1.1 Service Strategie

Dieser Punkt bildet das Zentrum. Die Service Strategie schafft den Rahmen für die Auswahl und die Gestaltung. Die Service Strategie hat wiederrum für sich selbst eine Reihe von Zielen bzw. Punkte, welche man verstehen oder erreichen sollte. Dazu gehört für die Anwender oder das Unternehmen ein grundlegendes Verständnis, was eine Strategie ist, was Services sind und wer die Kunden einer Organisation sind und welcher Wort geschaffen und zur Verfügung gestellt wird. [11] Des Weiteren ist es sinnvoll im Rahmen der Service Strategie ein sogenanntes Dienstleistungsmodell zu erstellen. Dieses hilft dabei zu verstehen, ob die Leistungen und die Strategie vom Unternehmen umgesetzt, erbracht und finanziert werden. Zusätzlich sollten in diesem Rahmen ggf. fehlende Prozesse zur Sicherstellung der Umsetzung der Service Strategie eingeführt werden.

Für die Service Strategie gibt es einige Schlüsselkonzepte. In diesem Abschnitt wird beispielhaft eines davon aufgezeigt.

Das Konzept ist die „Wertgenerierung durch den Service", was bedeutet, das gelieferte Produkt bzw. der gelieferte Service müssen einen Wert für den Kunden erbringen. Passiert dies nicht, wird der Kunde das Produkt bzw. den Service nutzen und das Unternehmen hat seine Arbeitskraft um sonst eingesetzt. Wichtig ist, dass der Wert durch den Kunden und nicht durch das Unternehmen definiert wird. Dieser kann nicht nur finanziell, sondern auch durch andere Größen gemessen werden. [12]

---

[9] Vgl. Cooke, J.; (2012), S. 148
[10] Vgl. Olbrich, Al; (2006), S. 4
[11] Vgl. Agutter, C., (2013), S. 62
[12] Vg. Agutter, C.; (2013) , S. 64

2.1.1.2   Service Design

Ohne geeignete Prozesse kann die zuvor entwickelten Service Strategie nicht in den operativen Bereichen der IT-Abteilungen umgesetzt werden. Für die Definition dieser Prozesse ist innerhalb von ITL das Service Design verantwortlich. [13] Das Service Design umfasst fünf Design-Aufgaben. Diese sind zum einen das Design der Lösung bzw. des Produktes, auch Service Solution genannt. Zum anderen die des Service Management Systems, mit dem über die komplette Nutzungsdauer das Produkt gemanagt werden soll. Die dritte Design Aufgabe ist die, die Technologie und Tools zur Bereitstellung des Service bzw. der Produkte festzulegen, welche auch unter dem Begriff Service Architekturen bekannt sind. Prozesse, welche den Service oder das Produkt in den Betrieb überführen, den operativen Betrieb übernehmen, sowie die Qualitätsverbesserung sowie Überwachung werden ebenfalls im Service Design festgelegt. Als letzter Designaspekt ist die Messbarkeit zu definieren. Hier geht es vor allem darum, die Überwachung der Service- und Prozessqualität sicherzustellen. Um alle fünf Aspekte optimal definieren zu können, ist es für das Unternehmen unerlässlich, diese mit dem Kunden zu besprechen, um seine Bedürfnisse und Anforderungen bestmöglich zu verstehen und umzusetzen. [14] Wenn schlussendlich das Service Design abgeschlossen ist, sollten die Kundenanforderungen und mögliche Service Level geklärt, die Kapazitäten und deren Verfügbarkeit im Unternehmen geplant, die Sicherheitsrichtlinien und Notfallpläne erstellt, sowie mögliche Lieferanten ausgewählt sein. [15]

2.1.1.3   Service Transition

Der Bereich Service Transition ist dafür verantwortlich, die Ergebnisse aus der Service Strategie und das Service Designs umzusetzen. Dazu gehört die Koordination von Prozessen und Funktionen, damit der Service bzw. das Produkt gebaut, getestet und an den Kunden ausgeliefert wird. [16]

Innerhalb der Service Transition gibt es Prozesse, denen eine besondere Bedeutung zukommt. Dies sind das sogenannte Change-Management, Service Asset und Configuration Management und das Release und Deployment Management. Diese haben deshalb eine

---

[13] Vgl. Buhl, U., (2008); S. 20
[14] Vgl. Buhl, U., (2008); S. 21
[15] Vgl. Buhl, U., (2008); S. 23
[16] Vgl. Buchsein, R.; Günther, H.; Machmeier, V.; Victor, F.; (2008); S. 32

große Bedeutung, da sämtliche Änderungen an Systemen mit Risiken verbunden sind. Das Change-Management versucht die Anzahl und Dauer der Unterbrechungen auf ein Minimum zu reduzieren. Hierfür werden Veränderungen bewertet, geplant und damit auch das Risiko minimiert. Diese Verantwortung liegt bei einem Change Manager, der wiederum Unterstützung durch eine Personengruppe erhält. Diese beraten ihn bei der Bewertung, Priorisierung und zeitlichen Umsetzung. Diese Personengruppe wird auch Change Advisory Board (CAB) genannt. [17]

Die Service Transition beschäftigt sich auch mit dem reitre oder dem Outsourcing von Services. Damit hilft eine effektive Service Transition dem Unternehmen dabei, Veränderungen bei den IT Services erfolgreich umzusetzen, die Kommunikation und das Vertrauen in Veränderungen zu verbessern sowie die Kostenreduzierung sowie Verringerung von Ausfallzeiten. [18]

2.1.1.4 Service Operation

Nachdem ein Service bzw. Produkt ausgeliefert wurde, soll die Service Operation dafür sorgen, dass diese kontinuierlich dem Kunden bereitgestellt wird. Dazu gehört das Monitoring des Dienstes, das Erkennen von Fehlern sowie eine schnelle Fehlerbeseitigung. [19]

Um diese Aufgabe bestmöglich zu erfüllen, gibt es innerhalb der Service Operation verschiedene Prozesse und Funktionen, welche dies ermöglich sollen. Dies sind als Funktion zum Beispiel der Service Desk welcher auch in Organisationen, welche nicht nach ITIL arbeiten vorkommen kann. Dieser ist auch als Kundenschnittstelle oder Kundehotline zu verstehen. Weitere Funktionen sind das Operations Management, welches für das Management und die Wartung der Infrastruktur verantwortlich ist. Das Technical Management und das Application Management, sind in ihrer Aufgabe ähnlich. Dies sind Teams, welche das technische Knowhow zum Gesamtmanagement der Infrastruktur bzw. der Applikation haben. [20]

Prozesse innerhalb der Service Operation sind das Event Management, also das Management von Vorkommnissen, um Ausfällen vorbeugen zu können. Des Weiteren das Request Fulfillment, dieser Prozess soll die Anfragen an den Service wie zum Beispiel eine

---

[17] Vgl. Buchsein, R.; Günther, H.; Machmeier, V.; Victor, F.; (2008); S. 33
[18] Vgl. Agutter, C.; (2013) , S. 185 f.
[19] Vgl. Arraj, V.; (2013), S. 4
[20] Vgl. Agutter, C.; (2013), S. 310 ff.

einfache Passwortänderung standardisieren. Das Incident und Problem Management sind die prominentesten Prozesse innerhalb der Service Operation. Das Incident Management ist dafür konzipiert, Störungen effizient und unverzüglich zu beseitigen. Das Problem Management nutzt die Daten des Incident Managements, um wiederkehrende Fehlerbilder zu analysieren, damit diese nachhaltig gelöst werden können. [21]

2.1.1.5 Kontinuierliche Service Entwicklung

Mit ITIL sollen die Services nicht nur kontinuierlich und fehlerfrei erbracht werden, sondern es soll auch kontinuierlich die Verbesserung der Prozesse sowie der Service-Qualität angestrebt werden. Ebenso ist die ständige Anpassung der Services an die veränderten Anforderungen eine der Kernaufgaben. Dies soll die Effektivität von Prozessen und Kosten verbessern. [22] Dazu gehört, dass die Verbesserungspotentiale identifiziert werden können. Dies wiederrum passiert auf der Grundlage der Messbarkeit von IT und Services. Hierfür gibt es drei Typen von Metriken. Dies sind z.B. die Service Metrik, also das Messen der Ende zu Ende Performance. Dies spiegelt sehr oft die Kundenwahrnehmung wider. Die zweite Metrik ist die der Prozesse. Dazu gehört das Generieren von Kennzahlen wie zum Beispiel für den Incident Prozess die Anzahl der Fehler. Der letzte Typ der Metriken ist der der technischen Metriken. Dies sind Werte, die normalerweise innerhalb der IT-Abteilungen verwendet werden und für Kunden nur schwer nachvollziehbar sind. Dies ist zum Beispiel die Server Performance oder die CPU-Auslastung. [23]

2.2 DevOps

DevOps ist ein konstruierter Begriff. Er beinhaltet die Wörter Development und IT-Operations. Der Begriff trat zuerst bei Twitter als Hashtag im Jahr 2009 im Rahmen einer Konferenz auf. Diese Wortkomposition wurde zum Anlass genommen, die im belgischen Gent stattfindende Konferenz „DevOpsDays" ins Leben zu rufen. [24] Als wichtiger Ideengeber für die DevOps Bewegung wird außerdem oft das Toyota Production System (TPS) von T. Ohno genannt, welches beschreibt, dass alles was der Betrieb mache auf die

---

[21] Vgl. Agutter, C.; (2013), S. 283 ff.
[22] Vgl. Buchsein, R.; Günther, H.; Machmeier, V.; Victor, F.; (2008); S. 42
[23] Vgl. Agutter, C.; (2013) , S. 336 ff.
[24] Vgl. Halstenberg, J.; Jestädt, T., Pfitzinger, B.;(2020), S. 3

Zeitspanne von Kundenauftrag bis Auftragsabschluss ausgerichtet ist und jeglicher, unnötiger Aufwand weggelassen werde. [25]

DevOps konzentriert sich im Kern auf eine effektive Zusammenarbeit. Diese soll häufige Problemfelder wie Fehler in der Bereitstellung von Diensten, verspätete Bereitstellung oder fehlende Dokumentationen vermeiden. [26] Es besteht aus mehreren Prinzipien, den sogenannten „CALMS". Welche für Culture, Automate, Measurement und Sharing stehen. Diese beschreiben den Ansatz, wie effektiv und optimal zwischen Entwicklung, Betrieb und Business zusammengearbeitet werden kann. [27]

Diese Elemente können für sich bereits seit mehreren Jahren in Unternehmen existieren. Die kontinuierliche stabile Bereitstellung von Software oder IT-Diensten ist das Hauptziel von DevOps. Damit sollen Unternehmen befähigt werden, schneller auf Marktveränderungen und damit geänderten Kundenanforderungen, reagieren zu können. [28]

2.2.1 Culture

Culture steht für das „C" in den CALMS, also für die Kultur des Unternehmens. Die Kultur in DevOps beschreibt die zwischenmenschlichen Beziehungen zwischen den handelnden Personen, also den Entwicklern, Mitarbeitern des IT-Betriebs, Mitarbeitern und Kunden. [29] Über die Jahre haben sich innerhalb der IT-Abteilungen Silos gebildet. Durch die Veränderung mit Feedbackschleifen und ständigen Austausch kann DevOps dazu beitragen, Silos aufzubrechen und die Teams zu produktorientieren und cross-funktionalen Bereichen zu transformieren. [30] Die Feedbackschleifen sollen vornehmlich zwischen Kunden und Entwickler stattfinden. Diese haben sich aber ebenfalls mit den weiteren beteiligten Einheiten als sinnvolle Methode herausgestellt. In den Feedbackschleifen werden zum Beispiel Bestandteile eines Codes in Testumgebungen zusammen betrachtet und stellen dadurch das fehlende Bindeglied agiler Entwicklung und stetigem Deployment dar. [31] Dadurch werden nicht die Probleme von Tools oder Anwendungen gelöst, es soll die Probleme, die durch fehlende Zusammenarbeit oder Kommunikation entstehen

---

[25] Vgl. Halstenberg, J.; Jestädt, T., Pfitzinger, B.;(2020), S. 3
[26] Vgl. Alt, R., Auth, G., Kögler, C.;(2017); S. 24
[27] Vgl. Krishna, K.; (2018); S. 1 ff.
[28] Vgl. Söllner, D.; (2017), S. 1
[29] Vgl. Kim, G., Humble, J.; Debois, P.; Willis, J.; (2017), S. 11
[30] Vgl. Schmidtmann, A.; (2019); S. 121
[31] Vgl. Schmidtmann, A.; (2019); S. 120 f.

beseitigen. Des Weiteren gehören auch Kulturaspekte wie zum Beispiel die des ständigen Lernens zu DevOps. Dieses macht bei den Führungskräften eines Unternehmens ein Umdenken notwendig. Fehler sollten als „gerecht" und als Chance zum Lernen und Verbessern angesehen werden. Eine Lern- und Fehlerkultur wie im letzten Jahrhundert führt oft zu Heimlichtuerei und dem nicht offenlegen von Fehlern, was dazu führt, dass diese Fehler mehrmals gemacht werden. [32]

2.2.2 Automatisierung

Das Prinzip der Automatisierung ist auch als Continous Delivery zu verstehen, wobei es auch weitere Begriffe wie Continuos Deployment oder Integration gibt. [33] Unter diesen Schlagwörtern verbirgt sich aber zuallererst die Automatisierung von manuellen Routinearbeiten in den jeweiligen IT-Bereichen. Durch diese soll ein zuverlässiges und kontinuierliches ausliefern des Produktes, also ein Deployment, in Form einer durchgehenden Pipeline geschaffen werden. [34] Zu den Routinearbeiten kann man zum Beispiel das automatisierte Testen, welches zuverlässiger als Testing durch Menschen ist zählen. [35] Die Automatisierung unterstützt somit die Wertschöpfung eines Unternehmens. Ebenso lassen sich Routineaufgaben aus dem Incident-, Problem- oder Event-Management sowie dem Monitoring automatisieren und so den Mitarbeitern eine Arbeitserleichterung bieten. [36]

2.2.3 Lean

Der Begriff Lean stammt aus dem Toyota Production Systems und wurde in den 1990er Jahren stark verbreitet. Bei Lean geht es vor allem um schlanke Prozesse, sowie der kontinuierlichen Messung und Verbesserung. [37] Dadurch ergeben sich für Lean zwei Grundsätze. Zum einen der, das durch die schlanken Prozesse und Verbesserungen die Durchlaufzeit, also die Zeit bis zur Erstellung des Produktes, verkürzt werden. Zum anderen, dass die kontinuierliche Messung und Verbesserung Schlussendlich zu bester Produktqualität, daraus resultiert ein Mehrwert für den Kunden und dieser wiederum zur besten

---

[32] Vgl. Kim, G., Humble, J.; Debois, P.; Willis, J.; (2017), S. 265
[33] Vgl. Kim, G., Humble, J.; Debois, P.; Willis, J.; (2017), S. 169 f.
[34] Vgl. Halstenberg, J.; Jestädt, T., Pfitzinger, B.;(2020), S. 23
[35] Vgl. Atlassian https://www.atlassian.com/de/devops/frameworks/calms-framework
[36] Vgl. Halstenberg, J.; Jestädt, T., Pfitzinger, B.;(2020), S. 23
[37] Vgl. Halstenberg, J.; Jestädt, T., Pfitzinger, B.;(2020), S. 6

Kunden- und Mitarbeiterzufriedenheit führt. Das Lean-Prinzip zielt dadurch darauf ab, einen Wert für den Kunden zu schaffen. [38]

2.2.4 Messung

Orientierung bieten in DevOps gemessene Ergebnisse. Dadurch ist es wichtig, dass diese definiert und auch gemessen werden. Diese Messungen dienen als Entscheidungsgrundlage um zum Beispiel Anpassungen der Produkte oder Services besser begründen zu können. [39] Kennzahlen, welche für eine Erhebung sinnvoll sind, sind zum Beispiel die Dauer vom Auftreten bis zur Behebung eines Fehlers, die Dauer für das Deployment einer Codeanpassung oder die Verfügbarkeit des Produktes. Des Weiteren werden diese Kennzahlen zur Messung des Erfolges für ein Unternehmen oder der Planung für das nächste Projekt herangezogen. [40]

2.2.5 Sharing

Um DevOps erfolgreich in einem Unternehmen zu implementieren, hilft als letztes Prinzip Sharing, also Teilen. Dazu kann es sinnvoll sein, die Trennung zwischen Entwicklungs- und Betriebsteams aufzuheben. Über Jahre Aufgebaute Spannungen zwischen diesen Bereichen können durch das gemeinsame Teilen von Verantwortung und Erfolg überwunden werden. [41]

Des Weiteren fördert das Teilen von Informationen und Vorgehensweisen die Zusammenarbeit zwischen den Teams. Dies ist am erfolgreichsten, wenn es eine offene Fehler- und Kommunikationskultur ohne Schuldzuweisungen im Unternehmen gibt. Durch das Teilen kann aus den Erfahrungen anderer Teams gelernt werden und die Organisation entwickelt sich weiter. [42]

2.3 Agilität

Da der Begriff Agilität heutzutage im Zusammenhang mit DevOps oder im Allgemeinen mit IT-Abteilungen von Unternehmen inflationär verwendet wird, soll dieser für eine genauere Vorstellung eingeordnet werden.

---

[38] Vgl. Kim, G., Humble, J.; Debois, P.; Willis, J.; (2017), S. 345
[39] Vgl. Fröschle, H.; Oestereich, R.; Schmidt, N.; (2022), S. 116
[40] Vgl. Halstenberg, J.; Jestädt, T., Pfitzinger, B.;(2020), S. 6 f.
[41] Vgl. https://www.atlassian.com/de/devops/frameworks/calms-framework Abruf 02.12.2022
[42] Vgl. Vgl. Halstenberg, J.; Jestädt, T., Pfitzinger, B.;(2020), S. 7

Der Begriff Agilität stammt von dem lateinischen Wort agilis ab, welches für große Beweglichkeit oder regsam und wendig steht. In unserer aktuellen Zeit wird er zusätzlich noch als Synonym für Flexibilität verwendet. [43]

Im Kontext eines Unternehmens soll Agilität die Geschwindigkeit, Anpassungsfähigkeit, Kundenzentriertheit und Haltung beschreiben. Agile Unternehmen oder Bereiche eines Unternehmens sollen in der Lage sein, dynamisch auf Veränderungen einzugehen. Im besten Fall geschieht dies nicht reaktiv, sondern proaktiv. Dabei soll vor allem schnell, initiativ und punktuell auf Kundenwünsche eingegangen werden. Der Punkt Haltung soll eine wertschätzende bzw. ein „auf Augenhöhe" etablierter Umgang innerhalb einer Organisation hervorheben. [44]

---

[43] Vgl. Schmidtmann, A.; (2019); S. 79
[44] Vgl. Schuh, G.; Stich, V.; Zeller, V.; (2022); S. 142

3 Hypothesen

Nach der Darstellung der Grundlegenden Begriffe zu IT-Service-Management und DevOps im Kapitel drei soll in diesem Kapitel eine Hypothese zum Thema aufgestellt werden.

Betrachtet man die Grundlagen beider Begriffe sollte die Frage gestellt werden, ob DevOps Prinzipien das klassische IT-Service-Management in Unternehmen ablösen oder ergänzen können. Die Hypothese, die angestellt wird, ist das IT-Service-Management nicht durch DevOps für die IT-Abteilungen von Unternehmen abgelöst wird. Die DevOps Prinzipien sind eher als Möglichkeit zu sehen, das klassische IT-Service-Management, um die schlanken und agilen Prozesse und Prinzipien von DevOps zu ergänzen und damit zu verbessern.

Das Kapitel vier soll in der Form einer Analyse anhand des Golden Circle von Simon Sinek aufzeigen, dass sich die Hypothese, das DevOps Prinzipien als Ergänzung für das IT-Service-Managements in Form von ITL eine sinnvolle Ergänzung sind.

4 Methoden

Als Methode wird der Golden Circle von Simon Sinek verwendet. Dieser soll die Gemeinsamkeiten bzw. Unterschiede von DevOps und einem klassischen ITSM nach ITIL darstellen. Dieses Vorgehen wurde 2009 im Rahmen eines TED-Vortrages „How great leaders inspire action" vorgestellt. Die Analysemethode Golden Circle stellt Fragen in drei Ebenen: Warum, Wie, Was. [45] Welche sich in der konkreten Fragestellung zu ITSM und DevOps in Ziel, Prinzipien und Wertestrom übersetzen lassen.

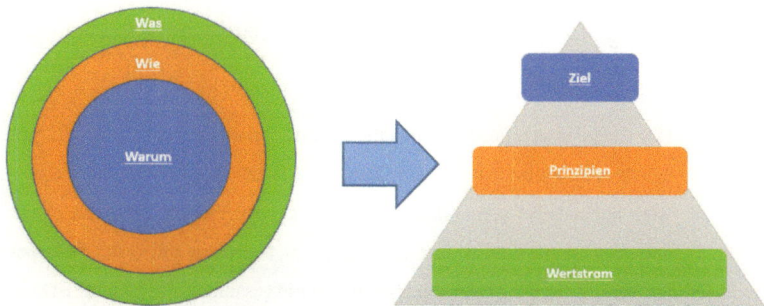

Abbildung 1: Golden Circle; in Anlehnung Golden Circle nach Sinek

Auf Grund des simplen Aufbaus ist diese Analyse nicht nur für Fragestellungen im Rahmen der Personalführung geeignet, sondern auch für andere Bereiche in Unternehmen. In diesem Rahmen dient die Analyse dazu, ein ITSM welches ITIL nutzt mit den agilen Methoden von DevOps zu vergleichen. Damit soll erklärt werden, ob sich beide Ansätze sinnvoll ergänzen lassen. Auf Grund der Limitierung dieser Hausarbeit wird diese Analysemethode gewählt, da sie stellenweise nicht tiefgreifend ausgeführt ist. Es sollte daher in weiteren Arbeiten mit anderen Methoden vertieft werden.

4.1 Warum / Ziel

Der Zweck für das eine Organisation Services oder Produkte anbietet ist lt. Sinek eine der zentralen Fragen für das Unternehmen. [46] Sowohl ITIL als auch DevOps sehen die Schaffung eines Wertes bzw. Mehrwertes für den Kunden im Mittelpunkt der Anstrengungen

---

[45] Vgl. Sinek, S.; (2016), S. 5
[46] Vgl. Sinek, S.; (2016), S. 2

eines Unternehmens. Die Anforderung des Kunden wird in einen Wert gemessen bzw. überführt. Dieser kann in verschiedenen Einheiten abgebildet werden

4.2 Wie / Prinzipien

Prinzipien geben eine Hilfestellung, wie mit bestimmten Situationen zu agieren, bzw. wie Umstände oder Problemstellungen behandelt oder gelöst werden sollten. Diese bieten für das „wie" Unternehmen eine universelle Hilfestellung. ITIL hat hierfür verschiedene Prinzipien wie z.B. Fokus auf den Mehrwert oder optimieren und automatisieren. Ebenso hat DevOps mit seinen CALMS Konzepte die Prinzipien darstellen. In den folgenden Unterkapiteln werden Prinzipien aus ITIL mit den CALMS gegenübergestellt.

4.2.1 Culture

Das Einholen von Feedback und die iterative Arbeitsweise, welche ITIL praktiziert, entspricht dem agilen Ansatz von DevOps. Zusätzlich kann man das Prinzip „Think and work holistically" von ITIL als Kulturansatz hervorheben. Dies setzt zwar nicht voraus, dass die Organisation als eine Einheit auftritt, allerdings sollen alle Teilaspekte und nicht nur die Entwicklung betrachtet werden. Diese gesamtheitliche Kultur ist einer der Grundzüge von DevOps. [47] Daher lässt sich nach dieser knappen Gegenüberstellung festhalten, dass das Prinzip der Kultur der beiden Methoden sich zusammenführen lässt.

4.2.2 Automate

Sowohl in einem ITSM nach ITIL als auch bei DevOps gibt es das Prinzip der Automatisierung. Sehr oft wird jedoch angenommen, das DevOps nur ein Automatisierungsframework ist. Die ist ein Irrglaube. In DevOps hat das Prinzip der Automatisierung für sich eine höhere Gewichtung als bei ITIL. Des Weiteren werden in DevOps viele verschiedene Tools eingesetzt, um dieses Ziel zu erreichen. ITIL gibt hierzu nichts vor, es wird aber gefordert, Technologien für das bestmögliche Ergebnis einzusetzen. Dies lässt sich so interpretieren, das Automatisierungstools genutzt werden sollen. [48]

4.2.3 Lean

Das Lean Prinzip in DevOps sieht als zentralen Punkt einen Wert für den Kunden zu schaffen. Danach wird das Handeln der einzelnen Abteilungen ausgerichtet. Ebenso hat

---

[47] Vgl. Fröschle, H.; Oestereich, R.; Schmidt, N.; (2022), S. 117 f.
[48] Vgl. Fröschle, H.; Oestereich, R.; Schmidt, N.; (2022), S. 115

ITSM nach ITIL das Prinzip des Focus on value, womit jede Handlung möglichst einen Mehrwert für den Kunden generieren soll.

Des Weiteren sieht Lean schlanke Prozesse und das Minimieren von Durchlaufzeiten vor. Dies ist wiederum auch in ITIL zu finden. Keep it simple and pracitcal ist hier als Prinzip aus ITIL zu nennen. Es sollen alle unnötigen Arbeitsschritte vermieden werden, um einen einfachen und praktikablen Prozess zur Leistungserbringung zu haben. [49]

4.2.4 Measurement

ITIL nutzt für das ITSM das Prinzip Start where you are, was als Top-Down-Perspektive zu sehen ist. Produkte sollen verstanden werden, um dann Anpassungen abzuleiten. Hierfür sind Messungen der Qualität, Kundenfeedback und das Erheben von Kennzahlen notwendig. [50] Auch DevOps nutzt verschiedene Messungen um die Qualität vor Kunde sicherzustellen.

4.2.5 Share

Sowohl DevOps als auch ITIL für das klassische ITSM wollen innerhalb des Unternehmens eine möglichst hohe Transparenz schaffen. Dadurch soll die Zusammenarbeit über die einzelnen Abteilungen wie Entwicklung oder IT-Betrieb hinweg gefördert werden. In ITIL ist explizit die Zusammenarbeit und Transparenz genannt. In DevOps gibt es das Prinzip des Teilens (Share), also Teilen von Wissen, Erkenntnisse usw. [51]

4.3 Was

Das Was ist sowohl für ITL als auch für DevOps einfach zu beantworten. Alle Aktivitäten richten sich darauf, ein Produkt bereitzustellen und stellen damit einen Wert da. Somit lässt sich das Was auch als der Mehrwert bzw. den Wertstrom beschreiben.

Zur Darstellung eines Wertstroms bzw. den notwendigen Schritten nach ITIL gibt es die Abbildung der Service Value Chain. In dieser sind die Punkte definiert, welche für die Wertschöpfung eingesetzt werden.

---

[49] Vgl. Fröschle, H.; Oestereich, R.; Schmidt, N.; (2022), S. 116
[50] Vgl. Fröschle, H.; Oestereich, R.; Schmidt, N.; (2022), S. 116
[51] Vgl. Fröschle, H.; Oestereich, R.; Schmidt, N.; (2022), S. 117

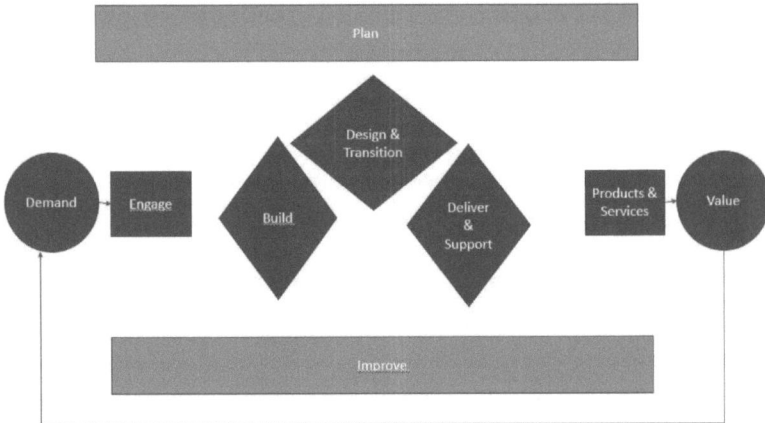

Abbildung 2: ITIL Value Chain in Anlehnung Axelos 2019

In DevOps gibt es ebenfalls eine Abbildung, welche beschreibt, wie eine Kundenanforderung umgesetzt wird. Dies ist der sogenannte DevOps Loop.

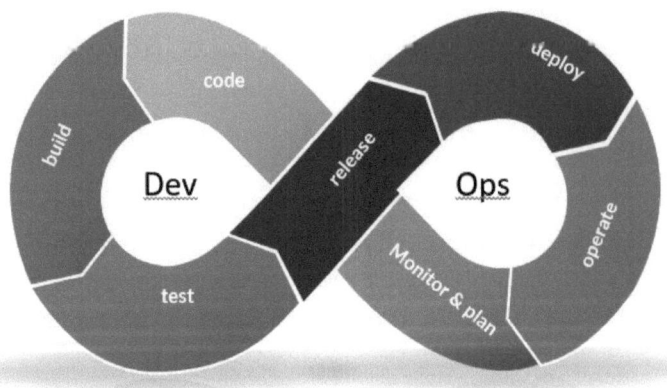

Abbildung 3: DevOps Loop in Anlehnung an Fröschle

Betrachtet man die einzelnen Aktivitäten aus ITSM nach ITL und DevOps, lässt sich eine gewisse Einigkeit bei beiden Modellen in Bezug auf die Arbeiten, die erledigt werden müssen, finden. Hierzu wurde aus den Grafiken der Service Value Chain nach ITL und dem DevOps Loop eine Verknüpfungsübersicht in Anlehnung Fröschle, Oestereich und Schmidt erstellt.

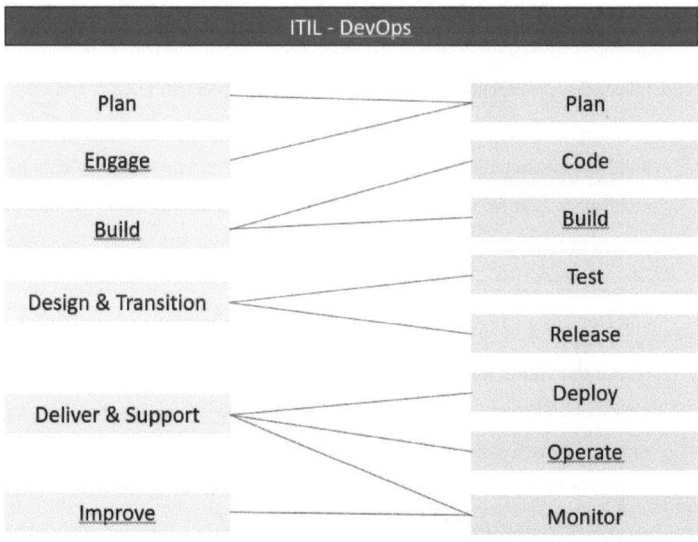

Abbildung 4: Kombination ITIL & DevOps in Anlehnung an Fröschle

Stellt man die Schritte zur Werterstellung so abstrakt gegenüber, lässt sich auch das Was zwischen beiden Methoden übereinbringen.

4.4 Abschließende Bewertung

Nach den in den vorherigen Punkten eine große Übereinstimmung herausgearbeitet wurde, kann sehr leicht angenommen werden, dass man DevOps problemlos als Ergänzung in ein bestehendes ITSM nach ITIL einführen kann. Diese voreilige Ansicht sollte aber nicht ohne weitere Hinweise geteilt werden.

Damit DevOps Prinzipien erfolgreich eingeführt werden können, sollten folgende Punkte beachtet werden. Zum einen sollte im Unternehmen die Kultur geschaffen werden, dass die Einheiten, die über einen längeren Zeitraum im klassischen ITSM gearbeitet haben, offen für die teilweise anderen Ansätze von DevOps sind. Dies ist wie bei allen Change-Projekten in Unternehmen eine Grundvoraussetzung aber oft auch eine Herausforderung. Da Mitarbeiter oft nicht sofort verstehen, warum an der jahrelangen Arbeitsweise etwas geändert werden sollte.

Der zweite Punkt, welcher ebenfalls die Kultur betrifft, ist ebenfalls bei den Mitarbeitern umzusetzen. Dieser betrifft zum einen die Zusammenarbeit zwischen den Abteilungen. Über Jahre gewachsenes Silo denken muss aufgebrochen werden und eine offene Zusammenarbeitskultur geschaffen werden. Hier sollte es an der Tagesordnung sein, das Wissen und Informationen geteilt werden und bei Fehlern nicht Schuldzuweisungen, sondern gemeinsames Lernen aus Fehlern die Regel sind. Ebenso lässt sich in den über den Jahren gewachsenen Strukturen oft ein Pragmatismus zum Schnellen Umsetzen von Anforderungen oder beheben interner Fehler vermissen. Dieser sollte ebenso bei der Einführung von DevOps als Ergänzung für ein ITSM Einzug halten.

Neben der Kultur sollten sich alle beteiligten auf die Wertschöpfung bzw. der Generierung des Mehrwertes konzentrieren. Dieser ist zwischen den Abteilungen im Unternehmen und dem Kunden der gemeinsame Nenner, der für alle wichtig ist. Hat man diesen weiterhin im Blick, sollten sich alle Beteiligten von den Änderungen überzeugen lassen.

Des Weiteren ist ein Hindernis für eine erfolgreiche Einführung von Automatisierungen und Lean die technische Schuld eines Unternehmens. Sprich alte Anwendungen oder Architekturen, die keine schlanken Prozesse oder keinen bis wenig Spielraum für Automatisierungen bieten. Diese lassen sich oft nicht kurzfristig abbauen, sollten aber zumindest bei der Einführung mit ausgeplant werden.

Zusätzlich ist eine gute Kommunikation in Richtung der Kunden und Mitarbeiter vor Einführung notwendig. Keine Einführung neuer Arbeitsweisen läuft geräuschlos ab. Daher sollten Kunden hierauf bereits vorbereitet werden.

5 Schlussfolgerungen

Nach dieser knappen und vereinfachten Analyse lässt sich festhalten, das DevOps Prinzipien sich unter Schaffung geeigneter Rahmenbedingungen sehr wohl als gewinnbringende Ergänzung für ein ITSM einführen lassen. Allerdings sollte solch eine Einführung gut geplant und Kunden sowie Mitarbeiter sehr gut informiert werden. Zusätzlich müssen die Hindernisse wie Schaffung einer Kultur und der Abbau technischer Schulden sehr gut geplant und umgesetzt werden. Da sonst ein solches Projekt sehr wahrscheinlich scheitert.

6 Literatur

Agutter, Claire. ITIL Lifecycle Essentials: Your Essential Guide for the ITIL Foundation Exam and Beyond. Ely: IT Governance Publishing, 2013.

Allweyer, Thomas. IT-Management: Grundlagen und Perspektiven für den erfolgreichen Einsatz von IT im Unternehmen. Norderstedt: BoD - Books on Demand, 2020.

Becker, Katrin. IT-Servicemanagement (in OWL): Umfrage und aktuelle Trends. Herausgegeben von Achim

Schmidtmann. 1. Auflage. Norderstedt: BoD – Books on Demand, 2019.

———. IT-Servicemanagement (in OWL): Umfrage und aktuelle Trends. Herausgegeben von Achim Schmidtmann. 1. Auflage. Norderstedt: BoD – Books on Demand, 2019.

Beißel, Stefan. IT-Management: Strategie, Finanzen, Sicherheit. 2. Auflage. Konstanz: UVK Verlagsgesellschaft mbH, 2016.

Brewster, Ernest. IT Service Management: Support for Your ITSM Foundation Exam. Third edition. Swindon, United Kingdom: BCS, the Chartered Institute for IT, 2016.

Buchsein, Ralf, Hrsg. IT-Management mit ITIL V3: Strategien, Kennzahlen, Umsetzung ; [mit Online-Service]. 2., Aktualisierte und erw. Aufl. Edition CIO. Wiesbaden: Vieweg + Teubner in GWV Fachverlage GmbH, 2008.

Buhl, Ullrike, und Jürgen Töns. ITIL-Praxisbuch: Beispiele und Tipps für die erfolgreiche Prozessoptimierung ; [ITIL Version 3.0: service strategy, service design, service transition, service operations, continual service improvement ; Qualitätsabweichungen frühzeitig erkennen und entgegenwirken ; Prozesse, Organisation und Sourcing ; Zertifizierungen und Standards ; CD mit Vorlagen, Checklisten, ITIL-V3-Übersicht]. 2., Überarb. Aufl.

Heidelberg: mitp, REDLINE, 2008.

Cooke, Jamie Lynn. Everything You Want to Know about Agile: How to Get Agile Results in a Less-than-Agile Organization. Ely, Cambridgeshire, U.K.: IT Governance Pub., 2012.

Halstenberg, Jürgen, Bernd Pfitzinger, und Thomas Jestädt. DevOps: ein Überblick. essentials. Wiesbaden [Heidelberg]: Springer Vieweg, 2020.

IT-OPERATIONS IN DER TRANSFORMATION zukunftsweisende it-betriebsmodelle. S.l.: MORGAN KAUFMANN, 2022.

Kim, Gene, Jez Humble, Patrick Debois, und John Willis. Das DevOps-Handbuch: Teams, Tools und Infrastrukturen erfolgreich umgestalten. Übersetzt von Thomas Demmig. 1. Auflage. Heidelberg: O'Reilly, 2017.

Krishna Kaiser, Abhinav. Reinventing ITIL® in the Age of DevOps: Innovative Techniques to Make Processes Agile and Relevant. 1st ed. 2018. Berkeley, CA: Apress : Imprint: Apress, 2018.

Lohmann, Ulrich. Architekturen der Verwaltungsdigitalisierung: Prozesse, Services und Technologien. Lehrbuch. 18Wiesbaden [Heidelberg]: Springer Vieweg, 2021.

Olbrich, Alfred. ITIL kompakt und verständlich: effizientes IT-Service Management ; den Standard für IT-Prozesse kennenlernen, verstehen und erfolgreich in der Praxis umsetzen. 3., verb.erw. Aufl. Aus dem Bereich IT erfolgreich lernen. Wiesbaden: Vieweg, 2006.

Schuh, Günther, Violett Zeller, und Volker Stich, Hrsg. Digitalisierungs- und Informationsmanagement. Handbuch

Produktion und Management 9. Berlin [Heidelberg]: Springer Vieweg, 2022.

Sinek, Simon. Start with Why: How Great Leaders Inspire Everyone to Take Action. United States: Joosr Ltd : Made available through hoopla, 2016.

Söllner, Dierk. „DevOps in der Praxis – Handlungsfelder für eine erfolgreiche Zusammenarbeit von Entwicklung und Betrieb". HMD Praxis der Wirtschaftsinformatik 54, Nr. 2 (April 2017): 189–204. https://doi.org/10.1365/s40702-017-0303-8.

Söllner, Dierk, und Michel Drescher. „Service Management in der Ära von Agile und DevOps: Ist Service Management noch relevant, wenn die aktuelle Entwicklung in Geschäftsprozessen und -planung auf ständiger Veränderung und Anpassung basiert?" HMD Praxis der Wirtschaftsinformatik 56, Nr. 2 (April 2019): 318–31. https://doi.org/10.1365/s40702-019-00504-x.

Valerie Arraj. ITIL: The Basics, 2013.